SCHIRMER'S LIBRARY
OF MUSICAL CLASSICS

Vol. 1965

T0048749

MAURICE RAVEL
Gaspard de la nuit

3 Poèmes pour piano
d'après Aloysius Bertrand

(3 Poems for piano after Aloysius Bertrand)

Edited and fingered by
GABY CASADESUS

ISBN 0-7935-9667-X

G. SCHIRMER, Inc.

DISTRIBUTED BY

HAL•LEONARD®
CORPORATION
7777 W. BLUEMOUND RD. P.O. BOX 13819 MILWAUKEE, WI 53213

PREFACE

Gaspard de la nuit is a poem of great pianistic difficulty. Ravel told his disciple Maurice Delage that his ambition was to write "pieces of transcendental virtuosity for the piano, more difficult than Balakirev's *Islamey*." The work was composed in 1908 at the same time as *Ma Mére l'Oye*. It is interesting to note that, as Roland-Manuel said, "Perrault has just given way to Aloysius Bertrand, and white magic has given way to black magic."

The emotion inspired by the beauty of this music eclipses the verses by Aloysius Bertrand. The suite was devised in three parts – slow - very slow - lively – in the manner of the basic classical sonata form. At the time of this work, Ravel was at the height of his creative genius.

Ondine expresses the exquisite fluidity of water combined with an almost supernatural atmosphere showing even more perfection and emotion than in *Jeux d'eau*.

Le Gibet is a hallucinatory work, with its continuous bell-tolling – the note B♭ is tirelessly repeated 153 times in 52 measures – enhancing the already gloomy feeling. Ravel wanted the piece to be played very slow and even.

Scarbo is a nightmarish vision with its opposite extremes: from the imperceptibly light touch to fantastic crescendos of terrifying pianistic style. Ravel imposes a disturbing turbulence in this atmosphere of feverish insomnia. He wanted the piece to begin with a lively rhythm – but not too fast – and have a scale of nuances which are almost impossible to create. Despite its haggard side, this work suggests a diabolic scherzo.

Gaspard de la nuit est un poème de grande difficulté pianistique. Ravel disait à son disciple Maurice Delage que son ambition était d' "écrire pour le piano des pièces de virtuosité transcendante qui soient plus difficiles qu' *Islamey* de Balakirev." L'œuve fut composée en 1908 en même temps que *Ma Mère l'Oye*. Il est intéressant de remarquer, comme le disait Roland-Manuel, "Perrault vient de céder la place à Aloysius Bertrand et la magie blanche à la magie noire."

L'émotion résultant de la beauté de la musique dépasse les phrases d'Aloysius Bertrand. Cette suite, étant conçue en trois parties – lent - très lent - vif – peut se rapprocher de l'idée de la forme classique. Dans cette œuvre Ravel semble être à l'apogée de son génie.

Ondine exprime avec plus de perfection et d'émotion que dans *Jeux d'eau* cette fluidité exquise de l'eau environnant une atmosphère quasi-surnaturelle.

Le Gibet, pièce hallucinante, d'un sentiment lugubre avec son tintement de cloche – 153 fios (si♭) inlassablement répété durant 52 mesures. Ravel demandait un mouvement très lent et toujours le même.

Scarbo semble être une vision de cauchemar avec ses oppositions extrêmes; imperceptibles frôlements, fantastiques crescendi d'une terrifiante écriture pianistique. Dans cette atmosphère d'insomnie fiévreuse, Ravel impose une agitation troublante. Dans *Scarbo*, Ravel désirait un rythme au départ du thème vif, pas trop rapide, et une échelle de nuances presque irréalisables. La coupe de l'œuvre pourrait, malgré son côté hagard, donner l'idée d'un scherzo diabolique.

ONDINE

. . . . I thought I heard
A vague harmony enchanting my sleep,
And next to me poured forth the same murmur of
Songs interspersed with a sad and tender voice.
CH. BRUGNOT — *Les deux Génies*

Listen, listen! It is Ondine who brushes the diamond panes of your window with these drops of water lit by the pale rays of the moon; and here, in a shimmering gown, is the lady of the castle, who from her balcony contemplates the starlit night and the beautiful sleeping lake.

Each wave is a water sprite swimming in the current, every current is a path which winds toward my palace, and my palace is built of flowing liquid, at the bottom of the lake, within the triangle of earth, air, and fire.

Listen, listen! My father beats the babbling water with a green alder branch, and my sisters caress the cool clumps of grass, water lilies, and gladioli with their arms of foam, or make fun of the old bearded willow fishing with rod and line.

With her whispered song, she begged me to put her ring on my finger, to become the husband of a water sprite, to visit her palace, and to become the king of the lakes.

And as I told her I loved a mortal, sulky and pouting, she shed a few tears, then bursting out laughing, she disappeared in a shower of clear water droplets which ran down my blue windows.

ONDINE (*)

. . . . .Je croyais entendre
Une vague harmonie enchanter mon sommeil,
Et près de moi s'épandre un murmure pareil
Aux chants entrecoupés d'une voix triste et tendre.
CH. BRUGNOT — *Les deux Génies*

"Ecoute! — Ecoute! — C'est moi, c'est Ondine qui frôle de ces gouttes d'eau les losanges sonores de ta fenêtre illuminée par les mornes rayons de la lune; et voici, en robe de moire, la dame châtelaine qui contemple à son balcon la belle nuit étoilée et le beau lac endormi.

"Chaque flot est un ondin qui nage dans le courant, chaque courant est un sentier qui serpente vers mon palais, et mon palais est bâti fluide, au fond du lac, dans le triangle du feu, de la terre et de l'air.

"Ecoute! — Ecoute! — Mon père bat l'eau coassante d'une branche d'aulne verte, et mes sœurs caressent de leurs bras d'écume les fraîches îles d'herbes, de nénuphars et de glaïeuls, ou se moquent du saule caduc et barbu qui pêche à la ligne."

★

Sa chanson murmurée, elle me supplia de recevoir son anneau à mon doigt, pour être l'époux d'une Ondine, et de visiter avec elle son palais, pour être le roi des lacs.

Et comme je lui répondais que j'aimais une mortelle, boudeuse et dépitée, elle pleura quelques larmes, poussa un éclat de rire, et s'évanouit en giboulées qui ruisselèrent blanches le long de mes vitraux bleus.

(*) Publié d'après l'édition du *Mercure de France*, 1908.

LE GIBET (THE GALLOWS)

What do I see stirring around the Gallows?
FAUST.

Ah, what is this I hear? Could it be the moaning of the evening North Wind, or the sighing of a hanged man at the sinister crossroads?

Could it be the singing of a cricket burrowed into the moss and bleak ivy which out of pity carpet the woods?

Could it be the trumpeting of the death knell by a hunting fly, which falls on deaf ears?

Could it be a dung beetle which in its erratic flight picks a bloody hair from the bald head?

Or else could it be a spider embroidering a half-length of muslin as a tie for this strangled neck?

The bell chimes from far away at the village walls, and the corpse of a hanged man reddens in the setting sun.

LE GIBET (*)

Que vois-je remuer autour de ce Gibet?
FAUST.

Ah! ce que j'entends, serait-ce la bise nocturne qui glapit, ou le pendu qui pousse un soupir sur la fourche patibulaire?

Serait-ce quelque grillon qui chante tapi dans la mousse et le lierre stérile dont par pitié se chausse le bois?

Serait-ce quelque mouche en chasse sonnant du cor autour de ces oreilles sourdes à la fanfare des hallali?

Serait-ce quelque escarbot qui cueille en son vol inégal un cheveu sanglant à son crâne chauve?

Ou bien serait-ce quelque araignée qui brode une demi-aune de mousseline pour cravate à ce col étranglé?

C'est la cloche qui tinte aux murs d'une ville sous l'horizon, et la carcasse d'un pendu que rougit le soleil couchant.

(*) Publié d'après l'édition du *Mercure de France*, 1908.

SCARBO

He looked under the bed, in the fireplace,
in the sideboard; — no one. He couldn't
understand how he had gotten in, and how
he had managed to escape.

HOFFMANN. — *Contes nocturnes.*

Oh, how many times have I heard and seen Scarbo, at midnight when the moon shines in the sky like a silver coin against an azure banner sprinkled with golden bees!

How many times have I heard the hum of his laughter in the shadow of my room, and the scratching of his fingernail on the silk curtains of my bed!

How many times have I seen him drop down to the floor, pirouette on one foot and spin around the room like a bobbin fallen from a witch's distaff.

Then did I believe that he had vanished? The dwarf grew as large as the belltower of a Gothic cathedral, standing between the moon and me, with a golden bell swinging from his pointed bonnet.

But soon his body became blue, transparent as candlewax, his face became pale as the wax of a candle-end; and suddenly, he disappeared.

SCARBO (*)

> Il regarda sous le lit, dans la cheminée,
> dans le bahut; — personne. Il ne put com-
> prendre par où il s'était introduit, par où
> il s'était évadé.
>
> HOFFMANN. — *Contes nocturnes.*

Oh! que de fois je l'ai entendu et vu, Scarbo, lorsqu'à minuit la lune brille dans le ciel comme un écu d'argent sur une bannière d'azur semée d'abeilles d'or!

Que de fois j'ai entendu bourdonner son rire dans l'ombre de mon alcôve, et grincer son ongle sur la soie des courtines de mon lit!

Que de fois je l'ai vu descendre du plancher, pirouetter sur un pied et rouler par la chambre comme le fuseau tombé de la quenouille d'une sorcière!

Le croyais-je alors évanoui? le nain grandissait entre la lune et moi comme le clocher d'une cathédrale gothique, un grelot d'or en branle à son bonnet pointu!

Mais bientôt son corps bleuissait, diaphane comme la cire d'une bougie, son visage blêmissait comme la cire d'un lumignon, — et soudain il s'éteignait.

(*) Publié d'après l'édition du *Mercure de France*, 1908.

Gaspard de la nuit

1. Ondine

Maurice Ravel

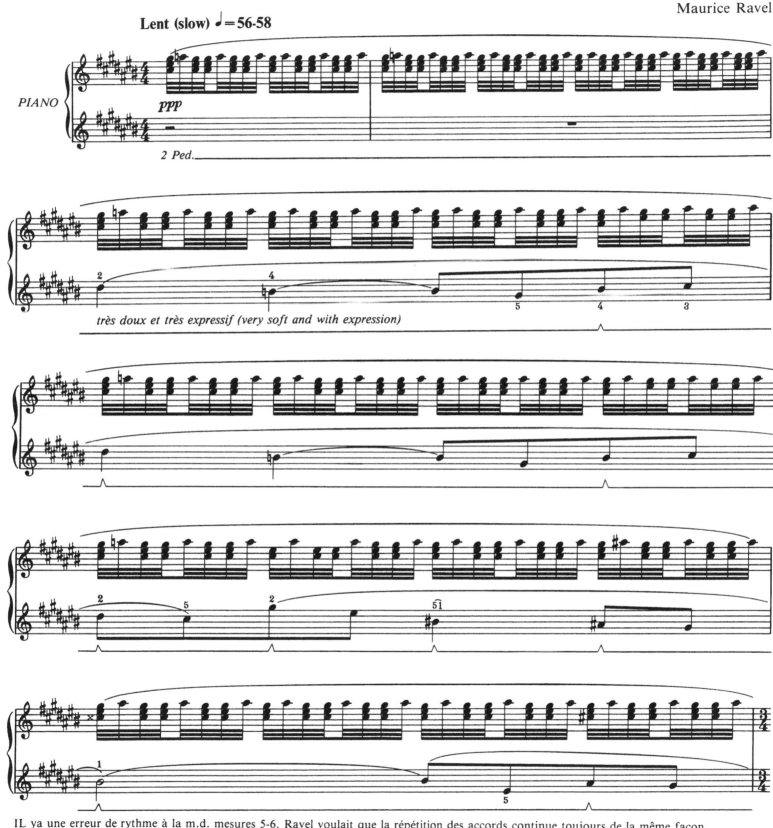

IL ya une erreur de rythme à la m.d. mesures 5-6. Ravel voulait que la répétition des accords continue toujours de la même façon. Ce manuscrit est corrigé.

* There is an error in the right hand measures 5-6. Ravel wanted the chords to be repeated throughout in the same way. This has been corrected.

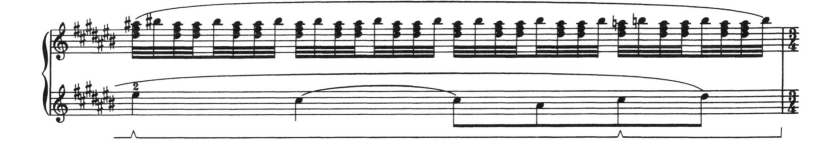

toujours pp
(still pp)
U.C.

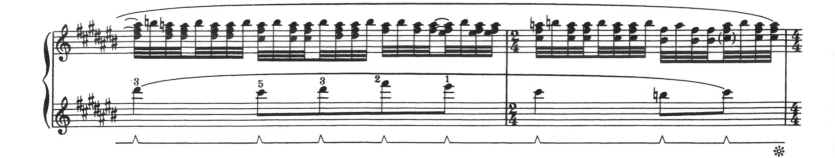

3

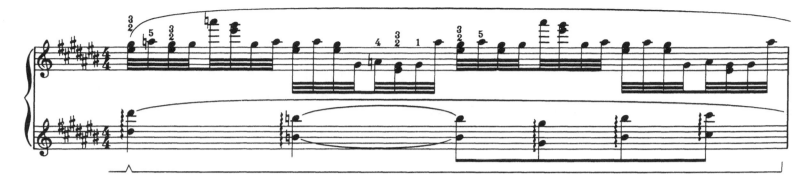

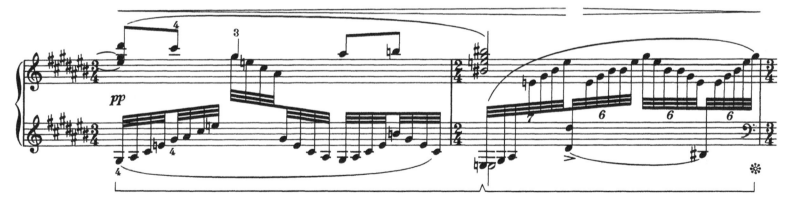

Cédez légèrement
(slight retard)

4

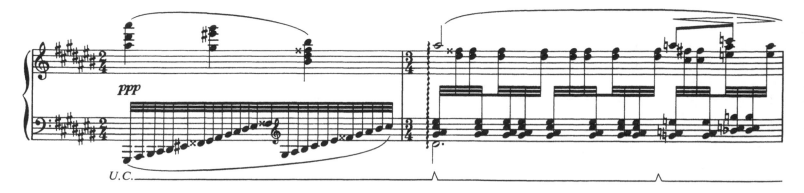

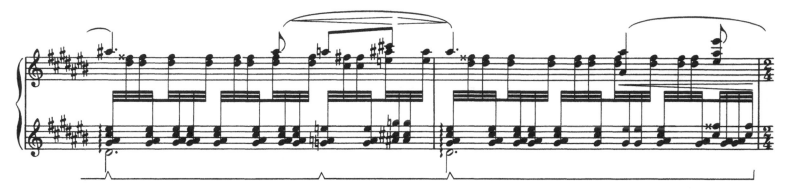

Un peu retenu (hold back slightly)

au Mouv^t (return to tempo)

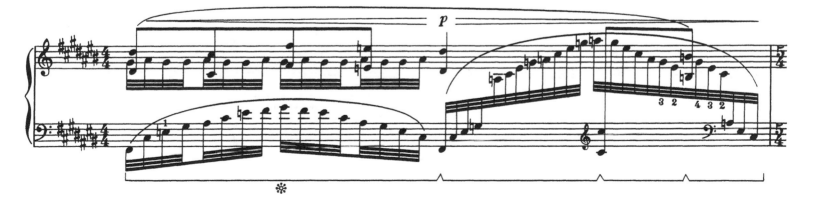

6

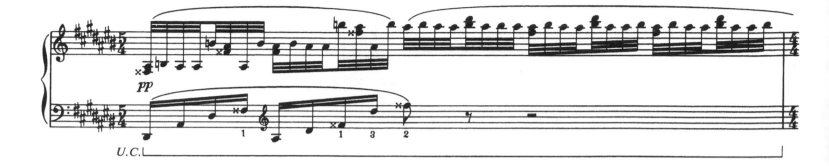

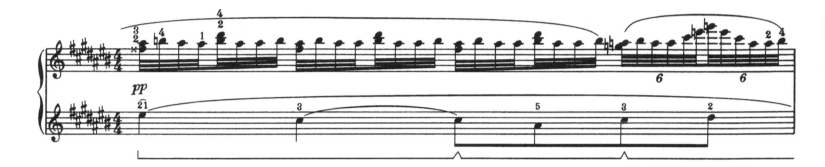

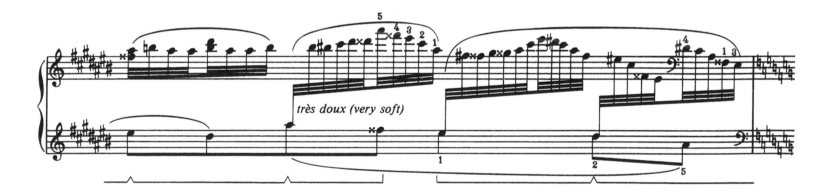

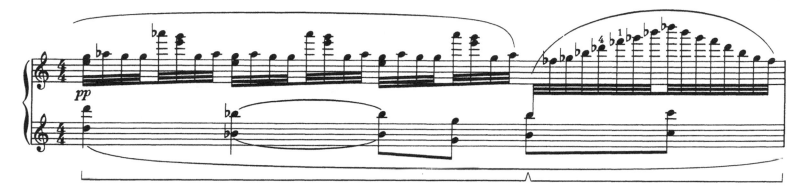

p le chant bien soutenu et expressif (the melody very sustained and expressive)

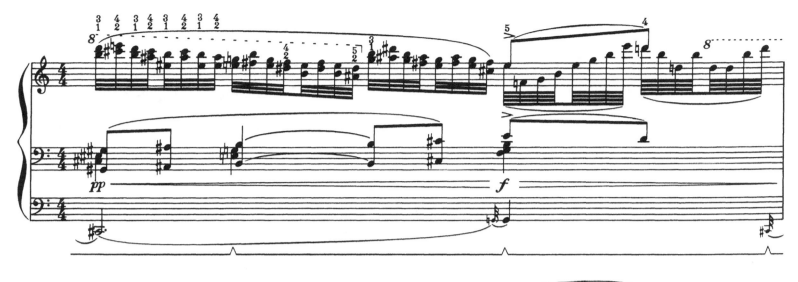

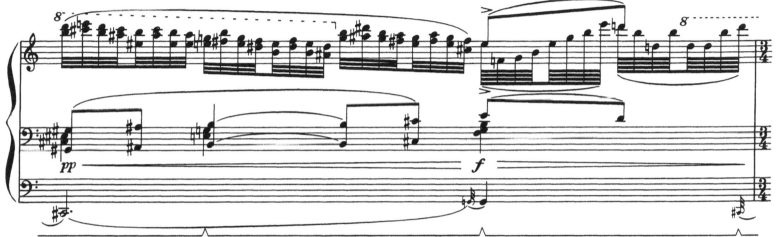

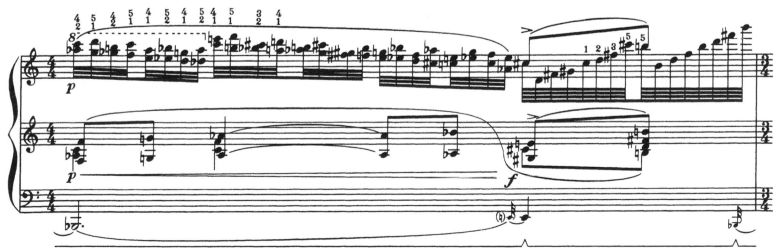

augmentez peu à peu (crescendo little by little) . . . .

Retenez (hold back)

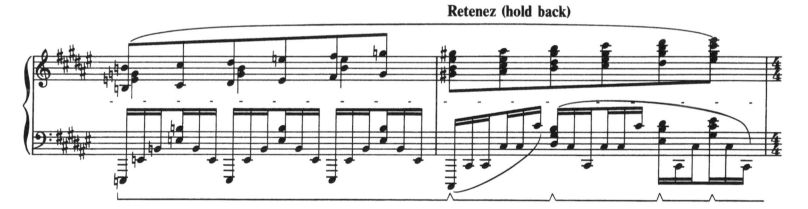

Un peu plus lent (a little slower)

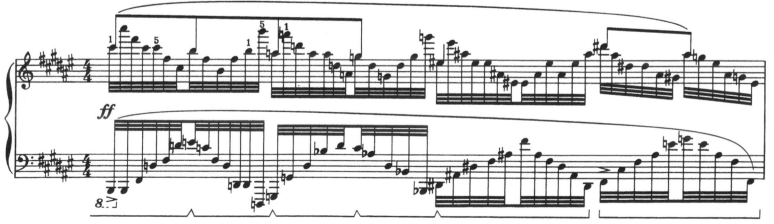

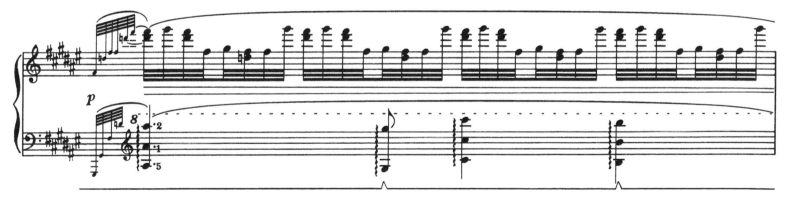

Retenez (hold back)

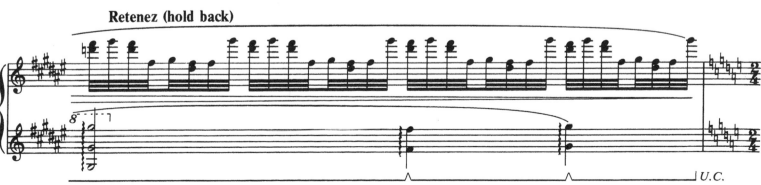

12

Encore plus lent (even slower)

le plus p *possible (as p as possible)*

glissando

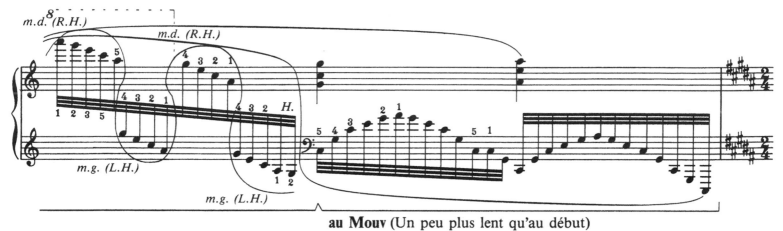

m.d. (R.H.)

m.d. (R.H.)

m.g. (L.H.)

m.g. (L.H.)

au Mouv (Un peu plus lent qu'au début)
(return to tempo) (a little slower than at the beginning)

toujours
(always) ppp

glissando

glissando

ppp

un peu en dehors (bring out slightly)

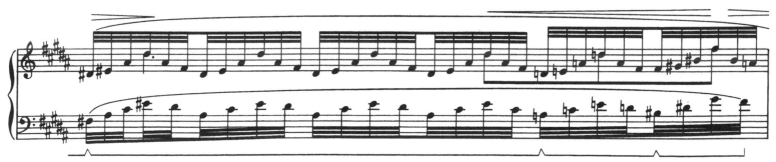

* L'octave manquait dans la 1re édition. (The 8va was missing in the first French edition).

** Mi♮ est une erreur. Ravel voulait certainement un Mi♯ en cette tonalité de F♯. L'erreur est corrigée dans cette édition. (Clearly **Ravel wanted an E♯ in the present Key of F♯ minor. This has been corrected in the this edition.**)

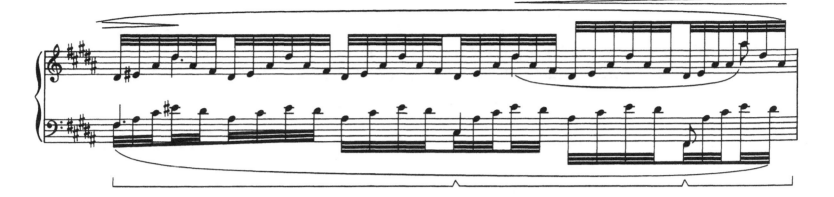

pp expressif (with expression)

m.g. (L.H.)

p

13

Très lent (very slow)

Rapide et brillant (fast and sparkling)

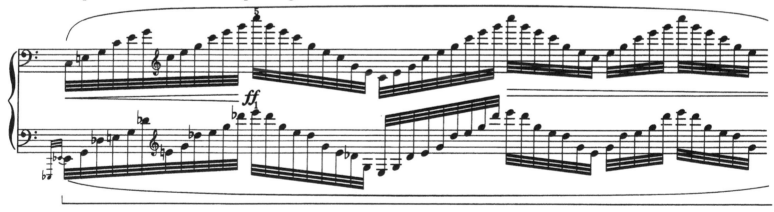

Retenez peu à peu (hold back little by little)

au Mouv^t du début (return to first tempo)

bien égal de sonorité (very even sound)

**Sans ralentir
(without slowing down)**

à Jean Marnold
2. Le Gibet (The Gallows)

Très lent (very slow)
Sans presser ni ralentir jusqu' à la fin (without hurrying or slowing to the end)

*un peu marqué
(slightly accented)*

Sourdine durant toute la pièce (Soft pedal throughout)

p expressif (with expression)

expressif (with expression)

pp   *un peu en dehors, mais sans trop d'expression (bring out slightly, but without too much expression)*

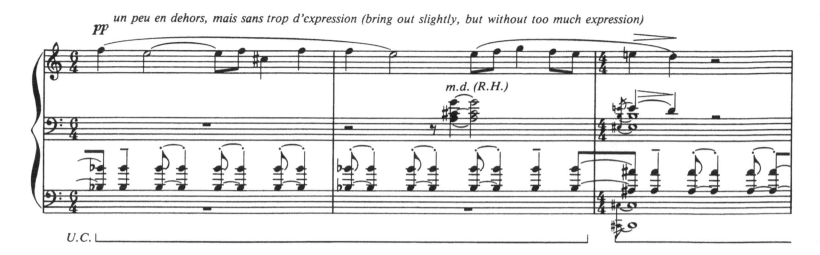

U.C.

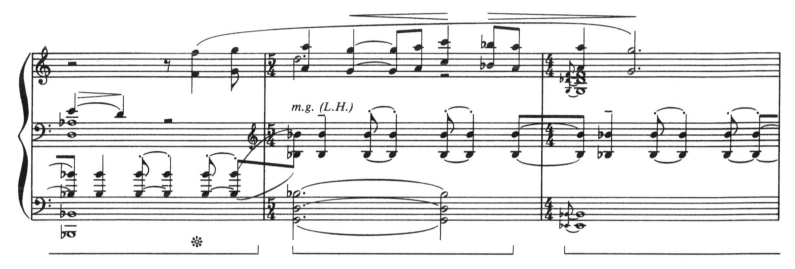

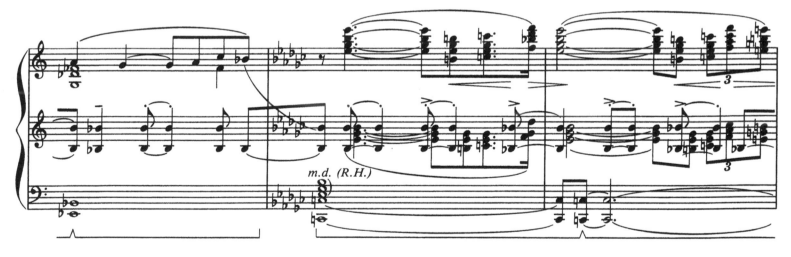

à Rudolph Ganz

3. Scarbo

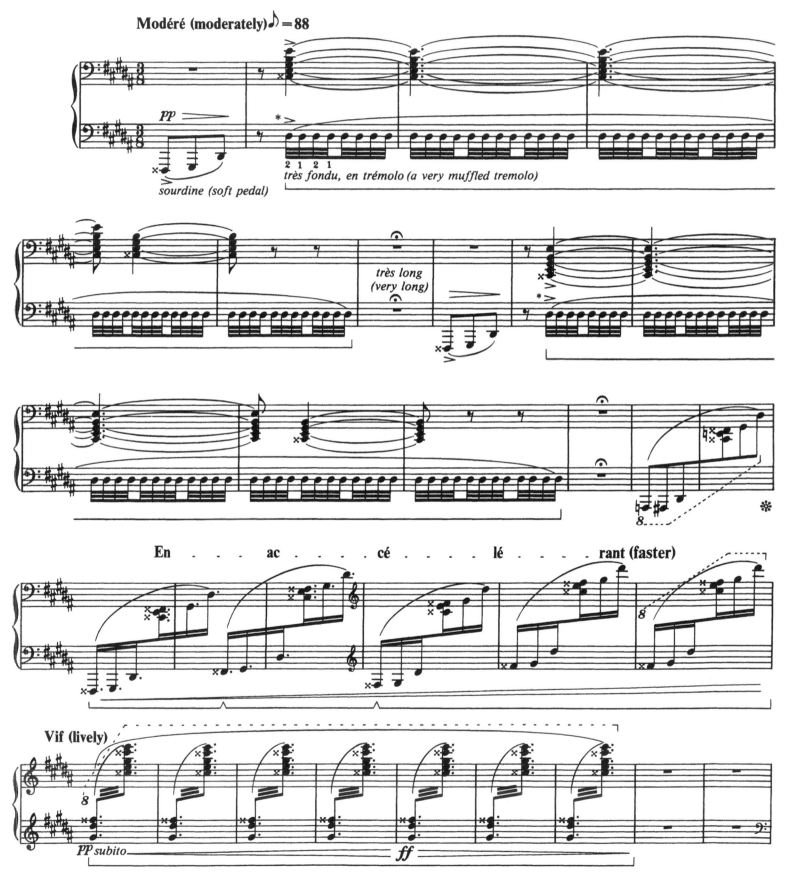

*Ravel désirait l'effet d'un bruissement très léger plutôt qu'une note clairement répétée.
(Ravel wanted an effect of muffled sound rather than a clearly repeated note.)

au Mouv^t (Vif) (same tempo [lively])

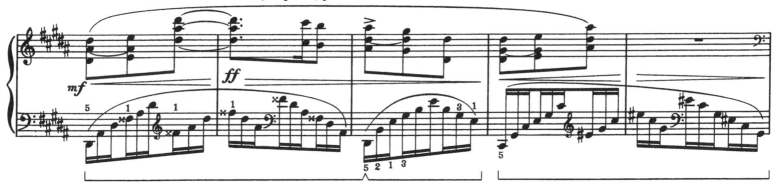

Sans ralentir (without slowing down)

un peu marqué (slightly accented)

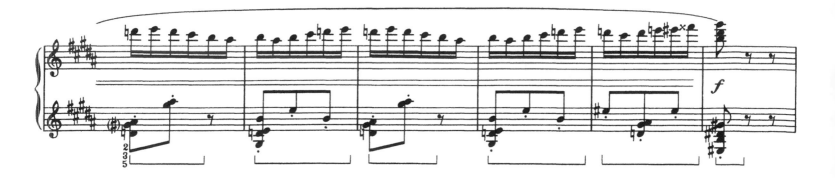

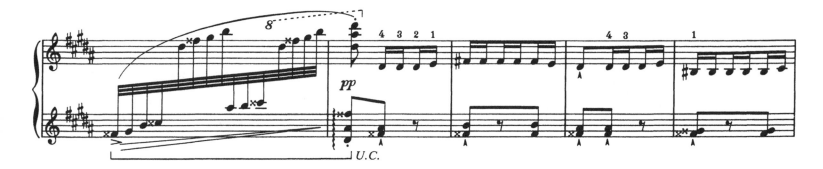

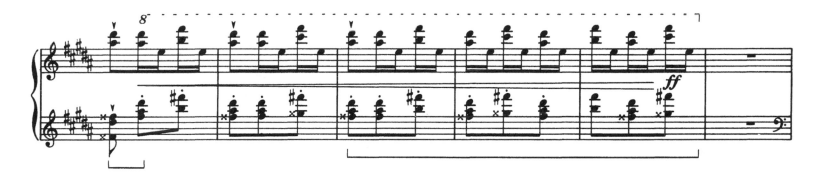

pp

U.C. _____ *ppp* *très fondu et bien égal de sonorité (very muffled with very even sound)*

ppp

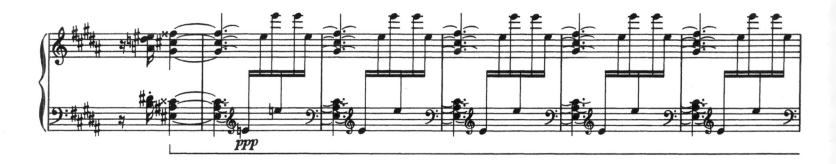

ppp

pp

ppp

pp

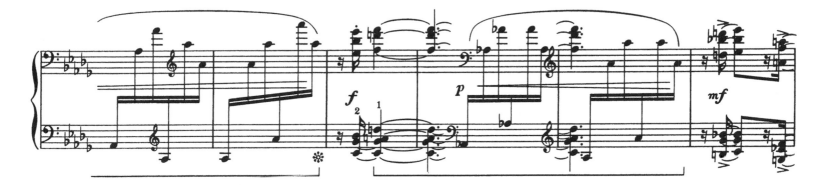

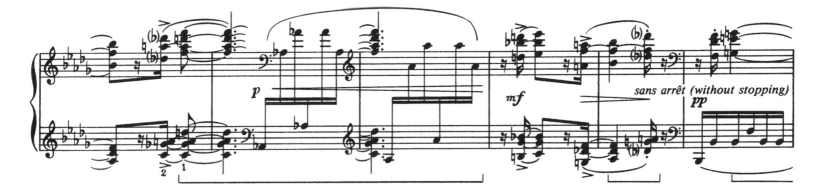

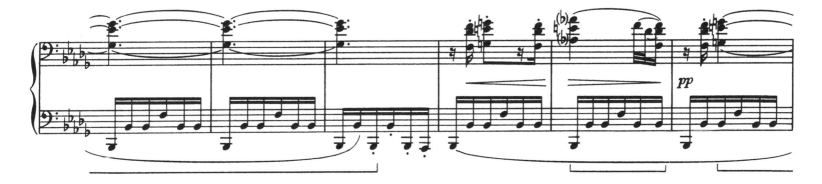

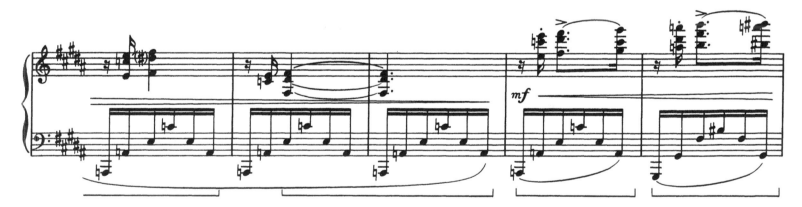

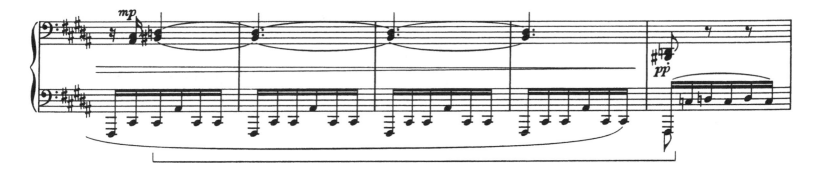

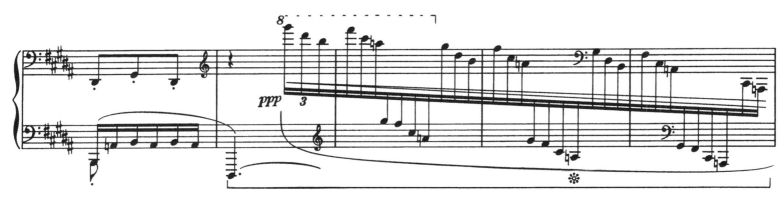

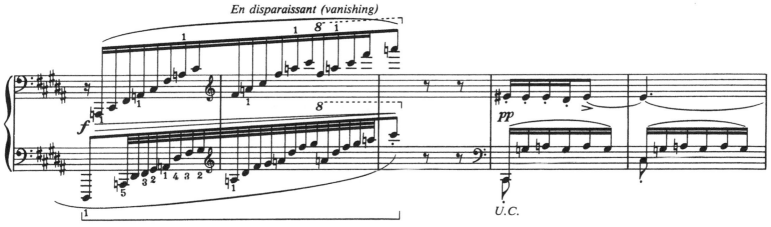

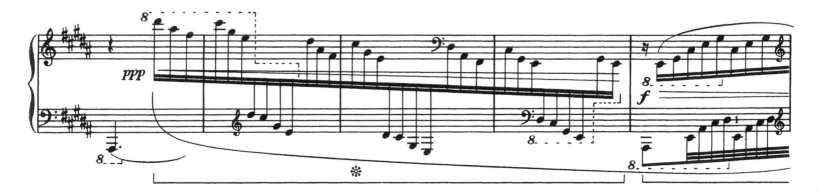

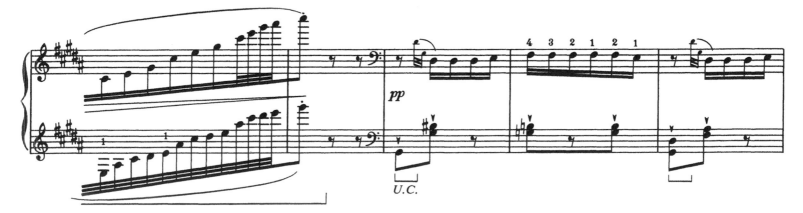

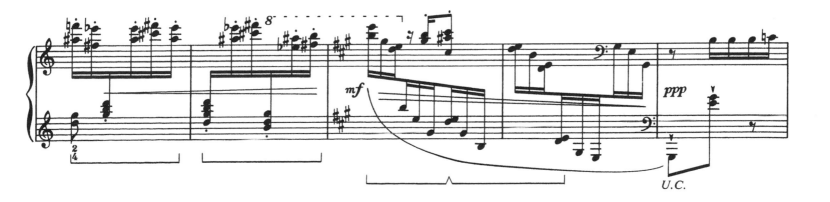

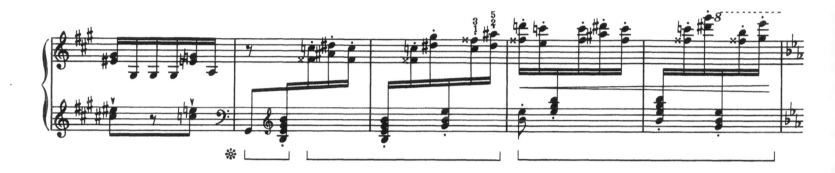

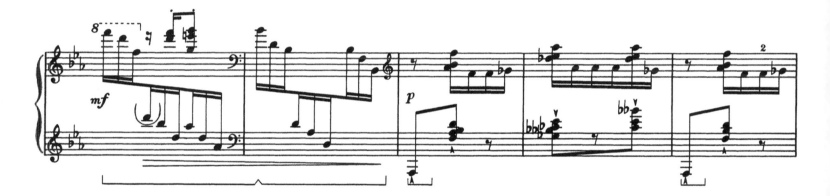

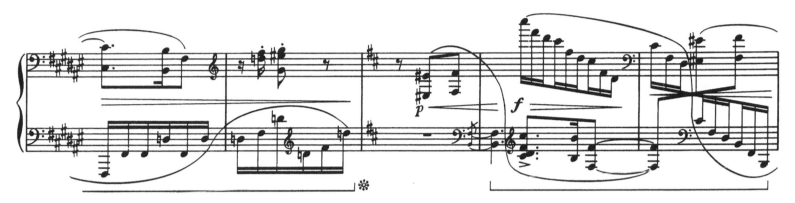

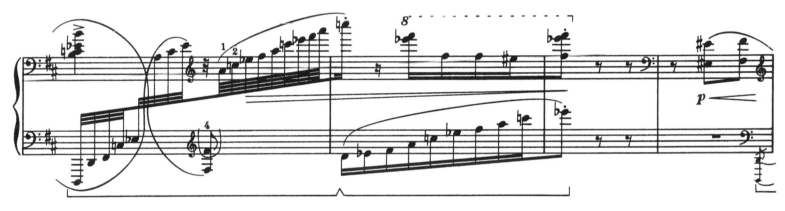

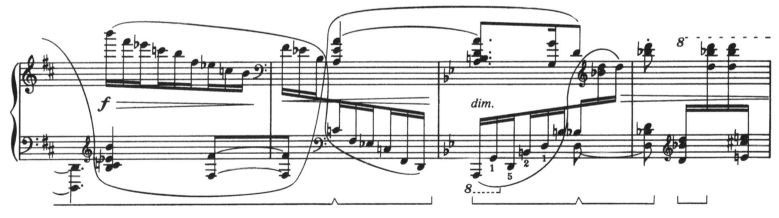

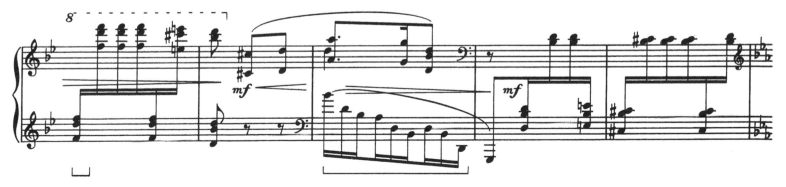

Un peu retenu (hold back slightly)

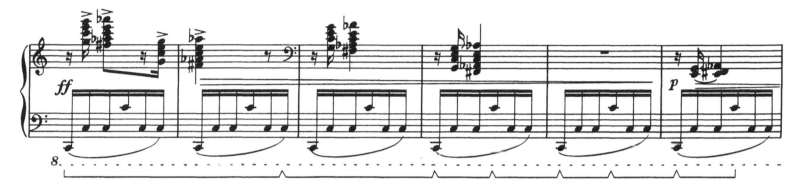

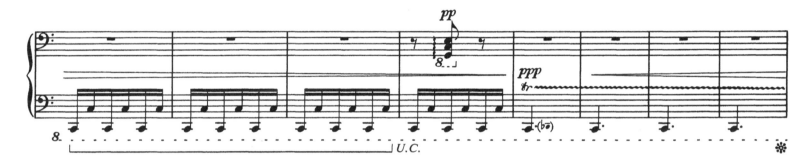

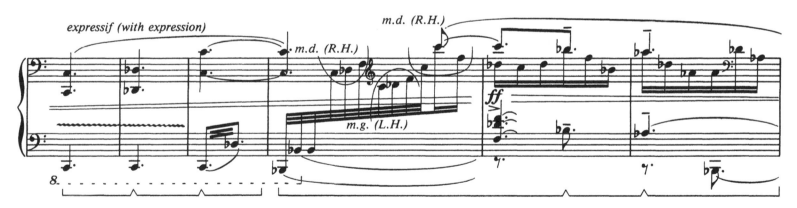

Retour au mouvement initial
(come back to the initial tempo)

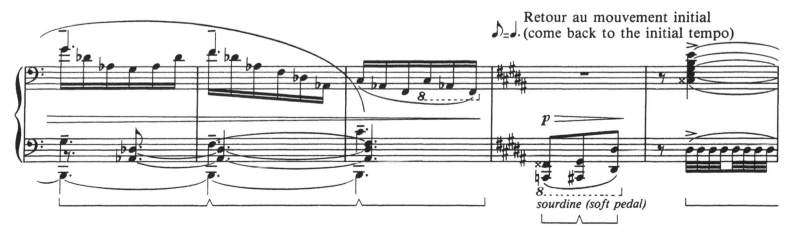

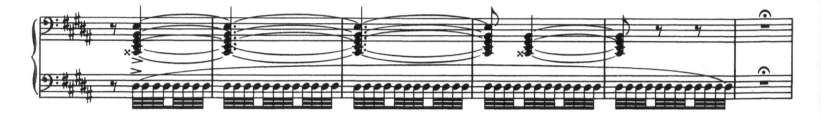

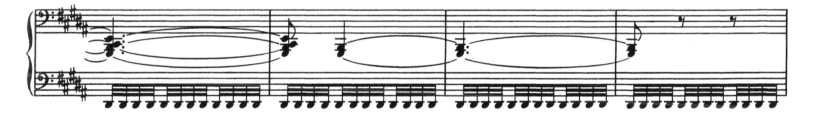

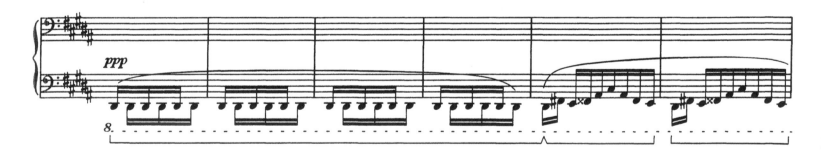

♩ =♪ du mouvᵗ précédent (of the preceding tempo)

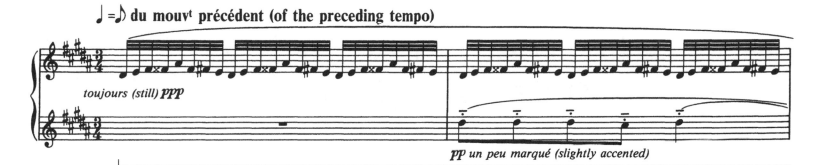

toujours (still) **ppp**

pp *un peu marqué (slightly accented)*

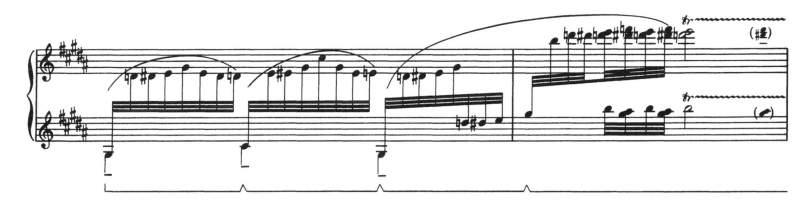

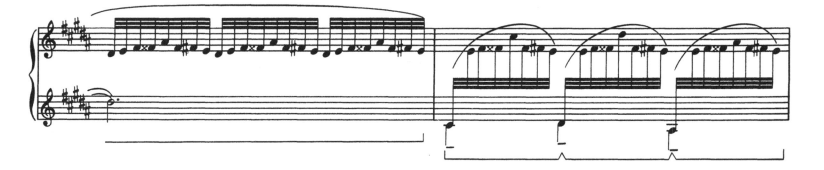

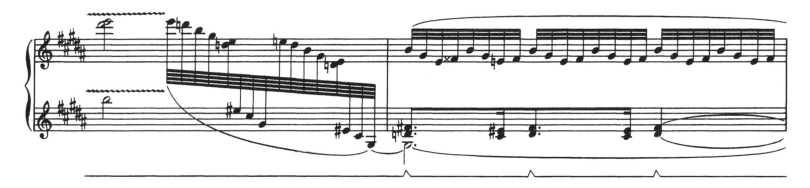

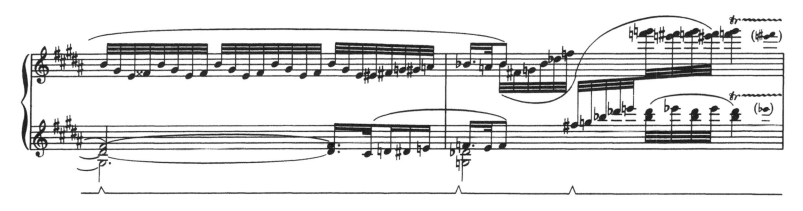

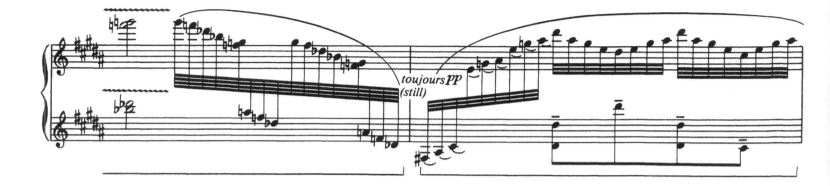

toujours **pp**
(still)

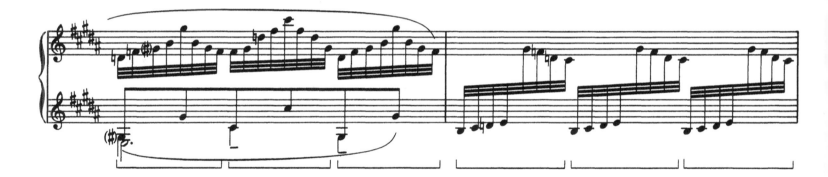

U.C.
2 Ped.

* Doigté de Ravel.
(Ravel's fingering)

En - - - - ac - - - - - cé - - - - -

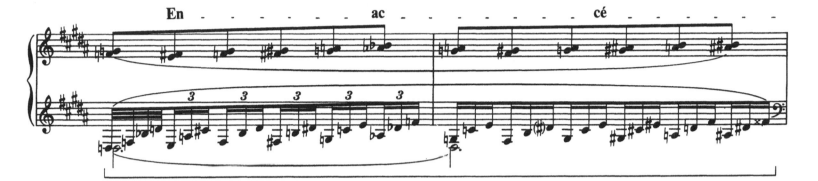

lé - - - - - - - - -

rant (faster)

※

♪=♪ **Toujours en accélérant (still accelerating)**

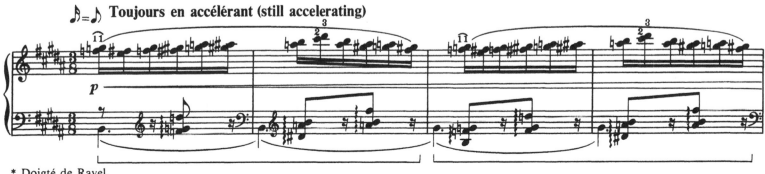

* Doigté de Ravel.
  (Ravel's fingering)

38

1er Mouvᵗ (Vif) (first tempo [Lively])

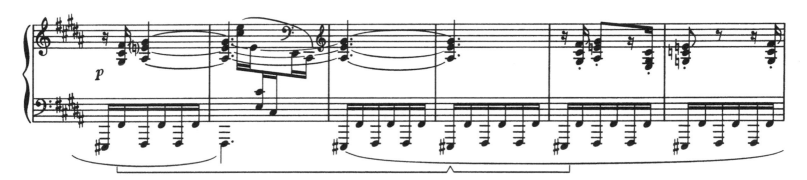

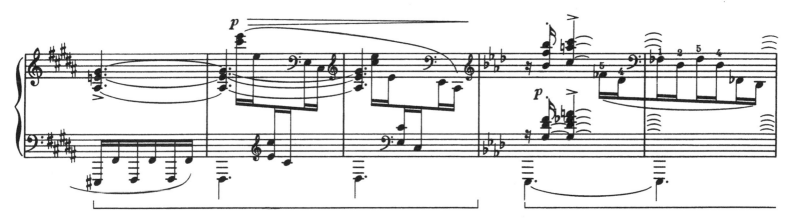

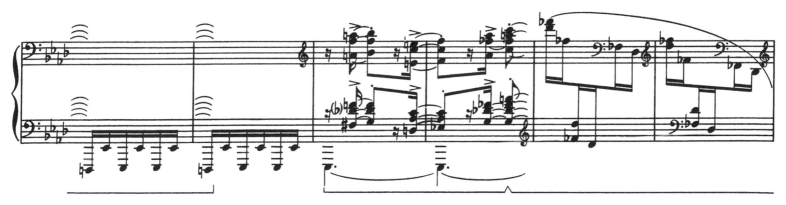

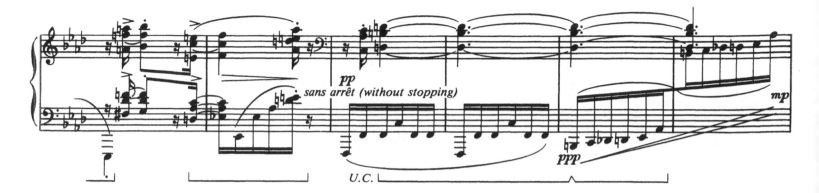

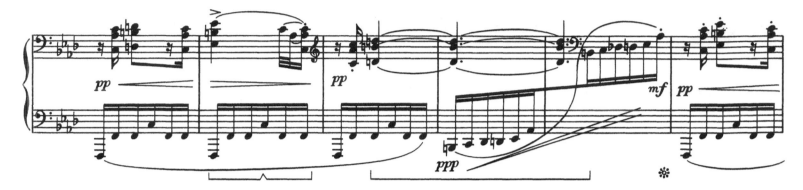

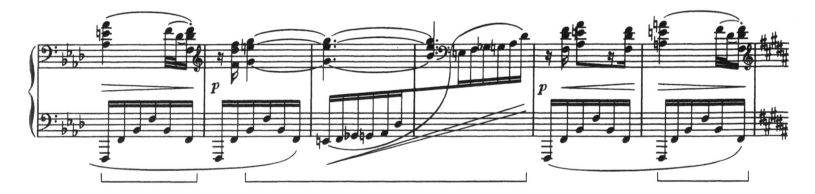

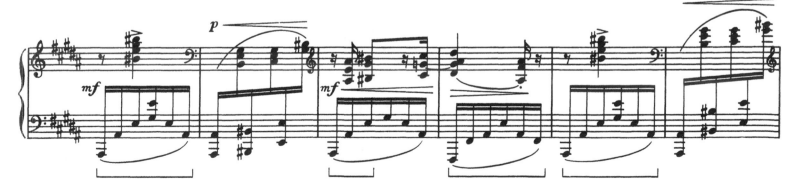

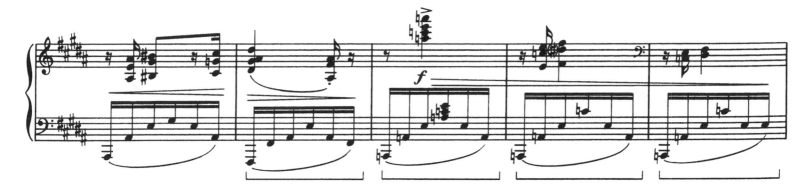

Un peu moins vif
(a little less lively)

En retenant un peu (holding back slightly)

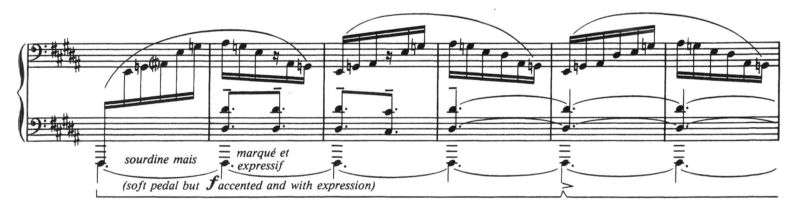

sourdine mais *marqué et expressif*

(soft pedal but *f* accented and with expression)

marqué (accented)

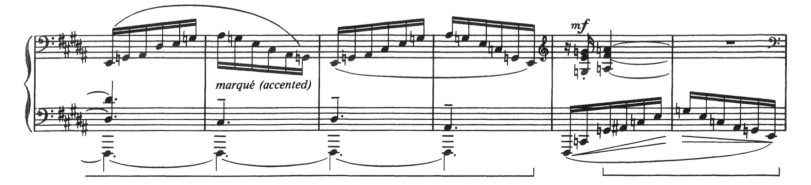

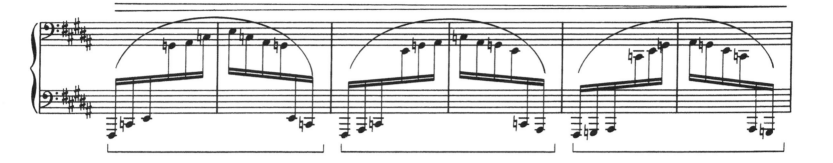

Très peu retenu
(hold back very slightly)

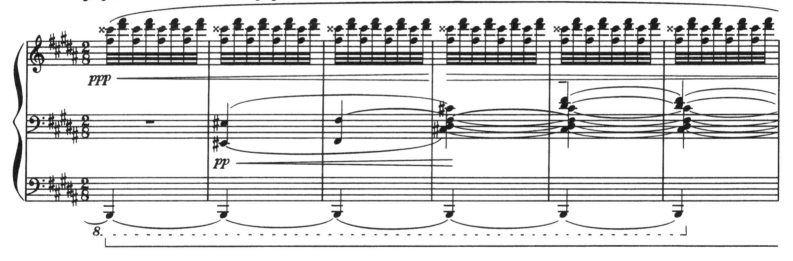

♪=♪. du mouv.ᵗ précédent (♪=♪. of preceding tempo)

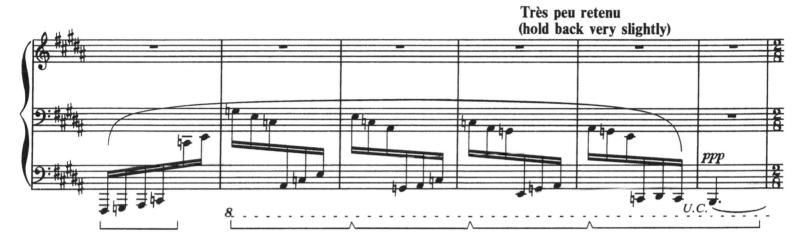

Sans ralentir (without slowing down)